HAYVANLAR ALEMİNİN EN SEVİMLİSİ

PANDA

Çeviri:
Songül Bakar

Pandalar, Çin'in batısındaki dağlarda, serin ve yağmurlu bambu ormanlarında yaşarlar.
Pandanın kulakları, gözlerinin etrafı, burnu, bacakları ve omuzları siyah tüylerle; vücudunun geri kalanı ise beyaz tüylerle kaplıdır.

Yaşam süresi: 18-25 yaşına kadar yaşayabilirler.

Besin: Bambu sapları, bambu yaprakları ve bambu filizleriyle beslenirler. Yani sen pandaya bambu ver, senden başka hiçbir şeycikler istemez.

* Pandanın kocaman bir kafası, ağır bir gövdesi, kısa bir kuyruğu ve yuvarlak gözleri vardır.

* 1,5 metre boylarındadır ve ağırlığı 125-150 kilogram arasında değişir. Erkek pandalar, dişi pandalardan yüzde 10-20 daha ağırdır.

* Pandalar, yassı dişlerini yiyecekleri öğütmek için kullanırlar. Ayrıca sert bambu saplarını ısırmak için kullandıkları keskin dişleri de vardır. Pandanın toplam diş sayısı 42'dir. Bizden tamı tamına 10 diş öndeler. Gerçi senin henüz 32 dişin yok ama büyüyünce olacak.

* Pandaların çene kasları oldukça kuvvetlidir. Böylece sert bambuları kolaylıkla çiğneyebilirler.

Pandalar, günün 12-14 saatini bambu yiyerek geçirirler. Geriye kalan vakitlerinde de ormanda aylak aylak gezinirler. Senin anlayacağın, hem obur hem de tembeller.

* Pandalar, genellikle koku bırakarak iletişim kurarlar. Bunun yanı sıra ne istediklerini anlatabilmek için bağırırlar da. Ama öyle ayılar gibi kükremezler. Keçiler gibi meler, kaz sesi çıkarır, hırlar veya ulurlar.

* Çekingen hayvanlardır. Yaşamlarının çoğunu yalnız geçirirler. Küçük bir panda grubu, geniş bir beslenme alanını paylaşabilir; bunun dışında yalnızca çoğalmak için bir araya gelirler.

* Pandaların dişleri, bizim dişlerimizden yaklaşık 7 kat daha büyüktür. Bizim derken, yetişkinlerin yani. Seninkiler henüz çok küçük.

* Pandalar, ağaçlara tırmanma konusunda çok yeteneklidirler. Bu işi bu kadar kolaylaştıran ise sivri pençeleridir.

Panda yavrusu doğduğunda gözleri kapalıdır; yaklaşık 45 günlük olduğunda gözlerini açar. Aşağı yukarı 100-150 gramlık bir ağırlığı vardır ve küçük, çıplak bir fare gibi görünür. Üzerinde çok az da olsa beyaz tüylerin olduğu pembe bir derisi, büyük bir kafası ve uzun bir kuyruğu olur.

Panda yavruları çok yavaş büyürler. Bir ya da iki yıl boyunca annelerinin yanından ayrılmazlar.

* Yetişkin pandalar o kadar büyüktür ki öyle kolay kolay onlara kafa tutacak bir hayvan bulamazsın.
* Pandalar, bambuyla beslendikleri için onları kış boyunca idare edecek kadar besin depolayamazlar, bu nedenle de kış uykusuna yatmazlar.

Çok gelişkin bir koku alma duyusuna sahiplerdir. Geceleri bile koklaya koklaya en iyi bambuları bulabilirler.

Buraya bir sürü "PANDA" kelimesi gizlenmiş. Bakalım kaç tanesini bulabileceksin?

E	P	P	A	N	D	A	K	P	B	C
S	Ö	A	E	G	I	E	C	A	T	D
C	H	S	N	T	D	K	E	N	İ	E
A	K	H	A	D	P	A	N	D	A	C
T	P	A	N	D	A	S	R	A	S	A
B	D	C	K	P	N	K	V	T	U	P
A	İ	P	A	N	D	A	D	İ	T	A
B	P	N	D	C	A	D	L	K	C	N
C	D	E	T	I	J	İ	O	F	A	D
A	S	Ö	D	İ	A	P	A	N	D	A

Cevap

Bu pandalardan biri, gökyüzünü seyre dalmış, hayaller kuruyor. Bil bakalım hangisi?

Pandaya en sevdiği yiyeceği gösterir misin? Pandacığın karnı çok acıkmış da.

İki resim arasında bazı farklar varmış. Bakalım sen kaç tanesini bulabileceksin? Bulduklarını işaretlemeyi unutma sakın.

Panda yarım kalmış, baksana. Hadi noktaları birleştir de pandayı tamamla. Bir de boyarsan pandacık bir mutlu olur ki sorma.

CHİPANDA ile JAPANDA

Bir gün anne panda, dişi bir panda dünyaya getirmiş ve adını Chipanda koymuş. Yeni doğan bebeğini rahat ettirmek için gece gündüz uğraşıyormuş. Chipanda'nın abisi Japanda ise annesinin onu artık sevmediğini düşünerek çok üzülüyormuş. Anne panda, bir gün, yiyecek bulmak için bebeğinin yanından ayrılmak zorunda kalmış. Japanda'ya da "Ben yokken kardeşine göz kulak ol," demiş. Daha sonra anne panda gitmiş. Japanda, gözünü kız kardeşinin üzerinden ayırmıyormuş. Ama bu sırada Japanda'nın içi geçmiş ve uyuyakalmış. Sonra birden Chipanda'nın ağlama sesiyle uyanmış. Bir kedi yavrusunun, kardeşini rahatsız ettiğini görmüş. Japanda kalkıp hemen kedi yavrusunu kovalamış.

Küçük kız kardeşinin savunmasız hâlini görünce, annesinin onunla neden daha çok ilgilendiğini anlamış. O günden sonra da kardeşini hiç kıskanmamış.

Alınacak Ders: Kardeşlerimizin bizden daha çok ilgiye ihtiyacı vardır. Abi/ablalar olarak onları kıskanmak yerine, onlara ilgi göstermeliyiz.

Hadi şimdi de bir panda nasıl çizilir, onu öğrenelim.

1. Adım
2. Adım
3. Adım
4. Adım